Ingrid Moras

Servietten-Technik
für Balkon & Garten

CHRISTOPHORUS
BRUNNEN-REIHE

Inhalt

Schöne Deko-Ideen

Wenn Sie Ihre Terrasse, Ihren Balkon oder Garten auf eine einfache und schnelle Weise verschönern wollen, ist Servietten-Technik genau das Richtige für Sie! Zauberhafte Serviettenmotive können mit speziellen Klebern auf preiswerte Gegenstände wie Blumentöpfe, Holzkisten und sogar Stoffe so aufgeklebt werden, dass sie wetterfest bzw. waschbar werden. Es entstehen auf diese Weise Unikate, die sich sehen lassen können und durch ihr perfektes, dekoratives Aussehen überzeugen. Also, warum nicht einmal ein Gartenfest zu einem Gesamtkunstwerk werden lassen, indem man passend zur Serviette Kissen, Blumentöpfe, Vasen, Windlichter und Obstschalen gestaltet?

Ich wünsche Ihnen viel Glück beim Aufstöbern schöner Servietten und viele neue Gestaltungsideen mit der verblüffenden Technik und hoffe, Ihnen mit den Beispielen einige Anregungen zu geben.

Ingrid Moras

Material & Technik

Servietten

Servietten werden im Handel mit den unterschiedlichsten Motiven angeboten. Damit die Suche nach den verwendeten Servietten erleichtert wird, sind die jeweiligen Hersteller auf Seite 32 angegeben.

Serviettenkleber

„Art Potch" (auch „Mod Podge", „Patio Paint", „Decoupage") ist ein spezieller Kleber für die Servietten-Technik auf Terrakotta, Holz, nicht glasierter Keramik, Zink, Styropor und Stein. Bitte auf die Gebrauchsanweisung achten! Um die Gegenstände wetterfest zu machen, sollten sie innen und außen mit Serviettenkleber bestrichen werden. Für den Außenbereich können die Deko-Artikel (mit Ausnahme der verzinkten) zusätzlich mit einem wasserfesten und witterungsbeständigen Mattlack überzogen werden.
Textil Potch Serviettenkleber (von der Firma Kreul) wird benötigt, um eine waschfeste Verbindung von Stoffen und Servietten herzustellen.

Hilfsmittel

Mit einer kleinen, spitzen **Schere** die Serviettenmotive ausschneiden. Zum Auftragen des Serviettenklebers und Aufmalen der Serviette am besten einen geschmeidigen **Flachpinsel** verwenden. Zum Aufbringen der Stoffmalfarbe je nach Art des Farbauftrags einen **Schablonenpinsel** (Stupfpinsel) oder Flachpinsel benützen. Eine **Klarsichthülle** verhindert bei Stoffen ein Durchschlagen des Serviettenklebers auf die Unterlage. Ein **Föhn** trocknet aufgemalte Serviettenmotive schneller. Mit einem **Bügeleisen** die Motive durch intensives, linksseitiges Bügeln fixieren.
Hinweis: Diese Hilfsmittel werden immer benötigt und deshalb in den Materialspalten nicht mehr eigens aufgeführt.

Grundierung

Dunkle Gegenstände am besten mit Acryl-Mattfarben hell grundieren, damit die Leuchtkraft der Serviettenmotive erhalten bleibt. Dazu die unverdünnte Farbe mit einem Schablonenpinsel in Stupfbewegungen auf den sauberen und fettfreien Untergrund auftragen. Nicht zu viel Farbe mit dem Pinsel aufnehmen. Durch das wiederholte Auftupfen der Farbe erhält man gleichmäßige Einfärbungen und bei mehreren Farben fließende Farbübergänge.

Krakelier-Technik

Wenn Risse den Farbauftrag auflockern sollen, den Gegenstand mit einem klaren Reißlack (Craquelle Medium) gleichmäßig in nur einer Richtung einmal bestreichen. Den Lack gut trocknen lassen. Anschließend mit heller Acryl-Mattfarbe alles einmal in einer Richtung, möglichst nicht mehrschichtig, übermalen. Beim Trocknen der Farbe bilden sich Risse und der Untergrund kommt zum Vorschein. Der Untergrund kann auch mit einer anderen Farbe gestaltet werden. Dazu den Gegenstand vor dem Auftragen des Craquelle Mediums mit der gewünschten Farbe grundieren.

Grundtechnik

1 Die Serviettenmotive ausschneiden und die beiden unteren weißen Papierschichten abziehen. Eventuell mit einem Stück Klebeband nachhelfen. Nur die oberste, farbige Serviettenlage wird aufgeklebt. Das Motiv kann auch in groben Konturen ausgerissen werden. Die spätere Position auf dem Gegenstand ausprobieren und diese Stelle mit Serviettenkleber einstreichen. Nicht zu viel Kleber aufbringen, sonst durchweicht die Serviette zu stark und bildet Falten. Das Motiv vorsichtig auflegen.

2 Alle Motive von der Mitte zum Rand hin mit einem weichen Flachpinsel glatt streichen und über den Rand hinaus mit Serviettenkleber übermalen. Feine Fältchen können jetzt noch geglättet werden. Mit einem Föhn eventuell die Trockenzeit beschleunigen. Nach dem Trocknen kann das Motiv zusätzlich ummalt oder zur Intensivierung der Motivfarben direkt mit passenden Acrylfarben bemalt werden. Dazu wenig Farbe mit dem Schablonenpinsel oder einem Schwamm aufnehmen, auf einem Papier etwas abtupfen und dann in Stupfbewegungen auftragen.

Tipp

Großflächige Motive Stück für Stück (immer etwa 4 cm lange Streifen) mit Serviettenkleber einstreichen und aufkleben.

Ganz in Blau

Den unbehandelten Stuhl, die Steine und die Windlichter in der Grundtechnik arbeiten. Beim quadratischen Windlicht mit einem Schablonenpinsel Window-Color-Farben um das Motiv herum und auf den Mond tupfen, um die Farben zu verstärken. Arbeitsanleitung für die Kissen siehe unten.

Material

- Serviettenkleber
- Textil Potch
- Servietten siehe Seite 32
- Holzstuhl
- Kissenhüllen in Blau, 40 x 40 cm
- Metall-Partylampe mit hellblauem Schirm
- quadratisches Windlicht, 14,5 cm groß
- Window-Color-Farben in Sonnengelb, Diamantblau

Serviettenmotive auf Stoff

Vor dem Bemalen die Stoffe waschen, damit sie frei von Appreturen sind. Zum Arbeiten eine Plastikfolie unterlegen, um ein Durchschlagen des Klebers auf die Arbeitsfläche zu verhindern.

Die vorgesehenen Stellen satt mit dem speziellen Stoff-Serviettenkleber Textil Potch (von C. Kreul) einstreichen, das Serviettenmotiv auflegen und mit dem Kleber fixieren. Das jeweilige Motiv etwa zwei bis drei Millimeter über den Rand hinaus bestreichen, damit die Ränder gut fixiert sind.

Nach dem Trocknen des Serviettenklebers die Stoffe fünf Minuten auf der linken Seite bügeln (Bügeleinstellung: „Baumwolle"). Auf der Oberseite ein Backpapier zum Bügeln zwischenlegen. Nun sind die Stoffe samt Serviettenmotiven mit Feinwaschmitteln und Handwäsche waschbar.

Garten-Deko

Material

Für alle Modelle

- Serviettenkleber
- Servietten siehe Seite 32

Deko-Kugeln

- Acrylfarben in Hellgrün, Zitronengelb
- Terrakotta-Kugeln in Hellgrün und Hellgelb, 12 + 8 cm Ø
- passende Holzstäbe

Fell-Ente

- Holz-Ente am Stab, 18 cm
- Acryl-Mattfarben in Weiß, Schwarz

Blumentopf

- Blumentopf, 17,5 cm Ø, 15,5 cm hoch
- Craquelle Medium
- Acrylfarbe in Weiß

Motive in der Grundtechnik aufbringen. Den Hintergrund farblich angleichen. Der Ente Augen malen. Den Blumentopf vorher krakelieren (siehe Seite 5).

Zitronen

Material

- Serviettenkleber
- Textil Potch
- Servietten
  siehe Seite 32
- Acrylfarbe
  in Gelb
- Baumwolltuch in
  Weiß, 90 x 90 cm
- Schale aus
  Terrakotta
  in Weiß,
  36 cm Ø
- Blumenübertopf
  in Gelb, 17 cm hoch,
  19 cm Ø
- Kissenhülle in
  Gelb, 40 x 40 cm

Den Rand der Terrakottaschale mit gelber Acrylfarbe betupfen. Alles in Grundtechnik fertigen. Beim Kissen den Bären mit der Serviette „Gemüse Korb" kombinieren, bei der Decke Schmetterlinge hinzufügen.

13
Bin im Garten

Vor dem Haus

Schilder

Das Häuschen für das **Nummernschild** bemalen. Die Ziffern aus der Serviette schneiden und mit den Vögeln aufkleben. Die anderen Schilder mit den Serviettenmotiven verzieren. Für das **Namensschild** die Buchstaben aus der Serviette schneiden und aufkleben. Die Schrift auf dem **Gartenschild** mit Acrylfarbe aufmalen. Nach dem Trocknen die Ränder der Schilder mit Farbe betupfen.

Mobile

Die Töpfe und eine Holz-Platine für die Aufhängung der Töpfe mit Acrylfarben grundieren und die Motive auf die Töpfe kleben. Jede Glocke so aufhängen: Die Schnur an einem Ende knoten, eine Perle als Klöppel aufziehen, nach etwa 4 cm einen weiteren Knoten legen und eine Perle als Abstandhalter zum Topf auffädeln. Die Schnur durch das Loch ziehen und in unterschiedlichen Abständen knoten. Fünf Löcher in die Holz-Platine bohren und die Schnüre hindurchführen. Alle fünf Glockenschnüre über dem Holzbrett so miteinander verknoten, dass das Brett waagerecht liegt.

Material

Für alle Modelle

- Serviettenkleber
- Servietten siehe Seite 32

Namensschild

- Acrylfarbe in Goldgelb
- Holz-Rechteck, 13 x 18 cm

Gartenschild

- Holz-Platine, oval, 13 x 18 cm
- Arcylfarben in Hellgrün, Sonnengelb

Nummernschild

- Holz-Haus, 15 x 10 cm
- Acrylfarben in Weiß, Hellblau, Rot

Glocken-Mobile

- Pflanzentöpfe aus Ton, 2 x 4 cm, 3 x 6 cm
- Holz-Platine, oval, 9 x 13 cm
- 10 Keramikperlen, ca. 1,2 cm Ø
- Vielzweckschnur
- Acrylfarben in Weiß, Zitronengelb, Hellgrün

Ohrwurm-glocken & Co.

Material

- Serviettenkleber
- Servietten siehe Seite 32
- Acrylfarben in Zitronengelb, Hellgrün
- Pflanztöpfe aus Ton, 11 cm Ø, 10 cm hoch
- Vielzweckschnur
- Perle, mind. 1,5 cm Ø
- Spankorb in Natur, 23 x 14 cm
- Spankorb in Hellgelb, 28 x 12 cm
- Holz-Windrad am Stab, 13 cm Ø

Die Tontöpfe grundieren. Alle Motive in der Grundtechnik arbeiten.

Romantische Rosen

Material

- Serviettenkleber
- Servietten siehe Seite 32
- Kissenhülle in Altrosa, 40 x 40 cm
- Hängekegel, 13 cm
- Metall-Teller, 31,5 cm Ø
- Metall-Schüssel, 25 cm Ø

Das Kissen mit Textil Potch bearbeiten (siehe Seite 6). Schüssel und Hängeampel in der Grundtechnik fertigen (Anleitung Seite 5).

Einfach bärig

Material

Für alle Modelle

- Serviettenkleber
- Servietten siehe Seite 32

Fackelhalter

- Pflanztöpfe aus Ton, 4 cm + 8 cm, 5 + 7,5 cm
- Kraftkleber
- Acrylfarben in Hellgrün, Weiß, Hellblau
- Balkon-Fackeln

Vasen

- Vasen aus Terrakotta, 17 cm + 20 cm hoch
- Acrylfarben in Zitronengelb, Hellgrün

Bären-Tablett

- Holz-Tablett, 20 x 30 cm
- Acrylfarben in Hellgrün, Gold

Anleitung auf Seite 20

Am Meer

Material

- Serviettenkleber
- Servietten siehe Seite 32
- Acrylfarbe in Weiß
- Tablett-Tisch aus verzinktem Metall, 50 cm Ø, 48 cm hoch
- Gießkanne aus verzinktem Metall
- Glas in Hellblau, 15 cm hoch, 11 cm Ø

Die Serviettenmotive aufkleben (siehe Grundtechnik) und etwa drei Millimeter über den Rand hinaus mit Serviettenkleber bestreichen. Überschüssigen Kleber auf dem Zink eventuell mit einem Küchentuch abwischen. Damit die Möwen sich besser vom silbergrauen Untergrund abheben, können sie im Bereich des Kopfes und des Bauches mit weißer Acrylfarbe betupft werden. Verzinkte Gegenstände nicht zusätzlich mit Acryl-Mattlack überziehen, da er auf diesem Material nicht gut haftet und den glänzenden Zink stumpf erscheinen lässt.

Einfach bärig

Abbildung und Materialangaben Seite 18/19

Für die **Fackelhalter** mit einem kraftvollen Kleber die beiden Töpfe jeweils mit der Bodenfläche nach oben aufeinander kleben und dann grundieren. Die Serviettenmotive aufkleben. Die Fackel steht auf diese Weise senkrecht in den Töpfen.
Die Serviettenmotive auf den **Vasen** anbringen und den Hintergrund passend zum Motiv betupfen.
Den Rand des **Tabletts** hellgrün grundieren. Das Motiv aufkleben und mit Gold das Motiv und den Hintergrund verschönern.

Abend-stimmung

Material

- Serviettenkleber
- Servietten siehe Seite 32
- Hänge-Tischlampe aus weißem Glas
- Zinkvase, 25 cm hoch
- Zink-Kerzenlicht, 17 cm hoch
- Flasche aus weißem Glas mit Teelicht und Kette

Die Motive aufkleben (siehe Seite 5).

Möglichst raues Glas verwenden, da die Servietten besser darauf haften. Bei glattem Glas muss das Serviettenmotiv sehr vorsichtig, zunächst mit wenig Kleber, überstrichen werden, damit es nicht reißt.

Herbst-Poesie

Material

- Serviettenkleber
- Servietten siehe Seite 32
- Holz-Herz, 13 cm
- Übertopf aus Terrakotta, meliert, 15,5 cm Ø
- Vase in Weiß, oval, 19 cm hoch
- Glassschale mit Ständer, 39,5 cm Ø
- Steckschale aus Terrakotta, 16 cm Ø

Zusätzlich für Herz-Untersetzer

- Acrylfarbe in Weiß

Tischset „Blätter"

- Servietten siehe Seite 32
- Textil-Potch
- Tischset, Pongé 10, 43 x 33 cm

Das Holzherz grundieren. Serviettenmotive in der Grundtechnik (Seite 5) aufkleben. Für das Tischset Textil-Potch verwenden (siehe Seite 6).

Schmucke Nistkästen

Material

- Serviettenkleber
- Sevietten siehe Seite 32
- Staren-Nistkasten
- Meisen-Nistkasten
- Acryl-Mattlack

Zusätzlich für den Meisen-Nistkasten

- Acrylfarben in Hellgrün, Dunkelbraun

Die Motive aufkleben. Die beiden Farben mischen und den Balken des Meisen-Nistkastens damit bemalen. Alles mit Acryl-Mattlack lackieren.

Herbsternte

Material

Für alle Modelle

- Serviettenkleber
- Servietten siehe Seite 32

Blumentöpfe

- Blumentopf , 20 cm Ø, 15 cm hoch + 25 cm Ø, 19 cm hoch
- Acrylfarben in Orange, Goldgelb, Schwarz

Obstkisten

- Holzkisten, 30 x 40 cm, 15 cm hoch
- Acrylfarben in Hellgrün, Zitronengelb

Tablett

- Holztablett, 30 x 40 cm
- Acrylfarben in Gold

Anleitung auf Seite 30

Schöne Futterstellen

Material

- Serviettenkleber
- Servietten siehe Seite 32
- Futterhäuschen aus Holz
- Tontöpfe, 11 cm Ø, 10 cm hoch
- Acrylfarben in Weiß, Hellblau
- Acryl-Mattlack

Zusätzlich für die Meisenglocken

- Vielzweckschnur
- Perle, mind. 1,5 cm Ø

Das **Vogelhaus** weiß und hellblau anmalen. Die Serviettenmotive platzieren und in der Grundtechnik arbeiten.
Die **Blumentöpfe** vor dem Aufkleben der Serviette mit einem Schablonenpinsel farbig grundieren. Eine Perle auf die Vielzweckschnur aufziehen; an einem Ende einen mehrfachen Knoten legen, das andere Ende durch das Loch im Topf ziehen.

Herbsternte

Abbildung und Materialangaben Seite 28/29

Die **Blumentöpfe** orange und goldgelb grundieren. Serviettenmotive aufkleben. Mit schwarzer Acrylfarbe nach Wunsch Gesichter auf den Kürbis malen.
Die **Obstkisten** in der Grundtechnik arbeiten. Den Hintergrund im unteren Bereich der Serviettenmotive nach dem Trocknen des Serviettenklebers zusätzlich mit Farbe betupfen. Die Serviettenmotive auf dem **Tablett** mit Gold verschönern.

Impressum

ISBN 3-419-56253-5

2. Auflage 2001

Lektorat:
Irmgard Böhler, Freiburg

Styling und Fotos:
Roland Krieg, Waldkirch

Covergestaltung und Layoutentwurf:
Network!, München

Gesamtproduktion:
smp, Freiburg

Layout: Gisa Bonfig, Freiburg

Druck:
Freiburger Graphische Betriebe

**Wir sind für Sie da, wenn Sie Fragen haben.
Und wir interessieren uns für Ihre eigenen Ideen und Anregungen.
Schreiben Sie uns, wir hören gern von Ihnen!
Ihr Christophorus-Team**

Christophorus-Verlag GmbH
Hermann-Herder-Str. 4
79104 Freiburg
Tel.: 0761/ 27 17-0
Fax: 0761/ 27 17-3 52
oder e-mail:
info@christophorus-verlag.de

Servietten-Nachweis

Die verwendeten Servietten finden Sie in den Fachgeschäften in Ihrer Nähe.

Seite 6
Schmetterlinge, Flieder, Stiefmütterchen, Mondbär: Ihr

Seite 8
Erdbeeren, Hahn, Schmetterlinge, Fell: Ihr, **Frösche, Stiefmütterchen, Hase mit Blumenstrauß**: Carl Dietrich GmbH

Seite 10
Zitronenscheibe: Braun & Company, **Schmetterlinge, Zitrone**: Carl Dietrich GmbH, **Gemüsekörbe, Bär mit Hose**: Ihr

Seite 12
Sommerblumen, Bär mit Bienen, Marienkäfer: Ihr, **Meisen**: Molca

Seite 14
Marienkäfer auf Kleeblatt, Marienkäfer auf Blüte, Küken, Gemüse: Ihr

Seite 16
Rosen: Ihr

Seite 18
Blumenmädchen, Schmetterlinge, Bär auf Wiese, Mohn, Bär mit Blumenkranz, Flieder, Bär mit Bienen, Glücksschwein: Ihr, **Schmetterlinge**: Carl Dietrich GmbH

Seite 20
Möwe, Sailing: Braun & Company, **Muscheln**: Carl Dietrich GmbH

Seite 22
Sommerblüten, Schwertlilien: Ihr

Seite 24
Kastanien, Herbstblätter: Ihr, **Bambusvogel**: Braun & Company

Seite 26
Sonnenblumen: Ihr, **Bambusvogel**: Braun & Company

Seite 28
Kürbis, Äpfel, Birnen: Ihr

Seite 30
Meisen: Molca, **Schneemann**: Ihr
Nikolaus, Eisbären: Carl Dietrich GmbH